Fundació "la Caixa"

Edita

Fundació "la Caixa"

Patronat

President

JOSEP-JOAN PINTÓ I RUIZ

Vice-president

JOSEP VILARASAU I SALAT

Secretari

RICARD FORNESA I RIBÓ

Vocals

JOAN ANTOLÍ I SEGURA
PILAR CARRERA I CASTILLÓN
JOSEP M. FAÑANÀS I VIZCARRA
M.TERESA DE MIGUEL I GASOL
JOAQUIM DE NADAL I CAPARÀ
ALEJANDRO PLASENCIA GARCÍA
MANUEL RAVENTÓS I NEGRA
JOAN VILALTA I BOIX

Director General

LLUÍS MONREAL I AGUSTÍ

La Fundació "la Caixa"
agraeix la col·laboració de:

Javier Armentia

Hiromi Asaoka

Cristina Calvet

Eva Gumà

Alfonso López Borgoñoz

Josep Maria Martín

Hugh McHolland

Redstone Press, Londres

Ana Román

George Row

EXPOSICIÓ

Comissària
ROSA MARTÍNEZ

Responsable d'Arts Plàstiques
IMMA CASAS

Coordinació de l'exposició
SÍLVIA SAUQUET

Coordinació del muntatge
MANEL MARÍN

CATÀLEG

Coordinació
SÍLVIA SAUQUET

Disseny gràfic
CUNYAT / FERRANDO

Textos
JAVIER E. ARMENTIA
ROSA MARTÍNEZ

Traduccions
MIREIA BAS
G. A. THOMSON
SHIGEKO SUZUKI
BORIS LEBEDEV

Fotografies
JORDI NIEVA

Fotomecànica
MIKO

Impressió
T. G. HOSTENCH S. A.

esperando la tormenta
AKANÉ

Del 15 de gener al 23 de febrer de 1997
Sala Montcada de la Fundació "la Caixa"
Carrer de Montcada, 14. 08003 Barcelona

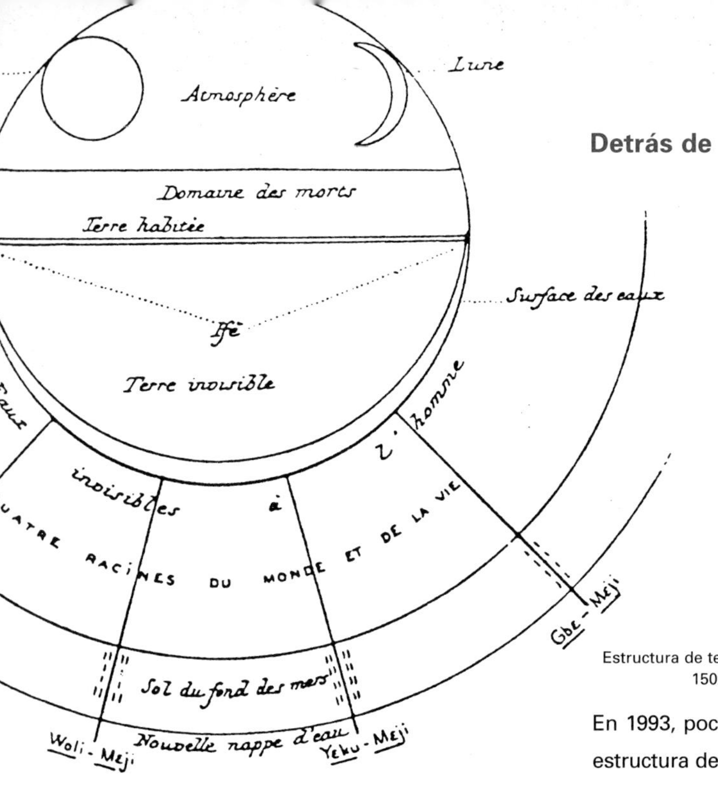

Detrás de cada viento viene un mundo que no es el de antes   Rosa Martínez

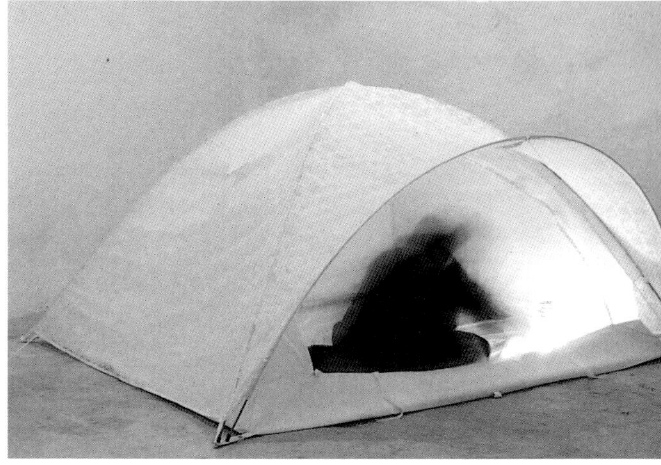

Akané
Sanctuary
1993
Estructura de tenda i blonda
150x220x220 cm

En 1993, poco después de su boda, Akané realizó una obra titulada **Sanctuary**. Una estructura de tienda de campaña cubierta de blonda dejaba transparentar la luz artificial que la artista colocaba en su interior. La idea de un espacio íntimo, protegido, sagrado como un templo y a la vez portátil, no estático, susceptible de ser trasladado a otros lugares, aparecía condensada en la forma redondeada, acogedora, femenina y cálida, de esa frágil cueva iluminada, de ese microcosmos donde se preparaba el encuentro con una nueva forma de la relación amorosa que redefinía su identidad como mujer al convertirla en esposa.

La tela translúcida había sido también utilizada en **Mother**, presentada por primera vez en 1992 en la Escuela de Bellas Artes de Grenoble. La delicadeza de la circunvalación espiral invitaba al espectador a adentrarse en esa estructura de escala humana y desandar luego el camino, para sentir cómo las ideas de continuidad y de reversibilidad, de apertura infinita, estaban implícitas en la pieza. Akané traducía así una visión que aludía a las conexiones invisibles que unen a las madres con las hijas de forma encadenada, generación tras generación. La espiral del cordón umbilical une a las mujeres a través de los siglos, hacia el pasado y hacia el futuro. La angustia de romper el circuito, el miedo de no dar vida a otra mujer que a su vez podría llevar en su vientre otro ser de sexo femenino capaz de engendrar y seguir dibujando la espiral, se le planteaba cuando pensaba en la posibilidad de ser madre.

Cualquier camino es tan sólo un camino y no es ninguna ofensa, ni para uno mismo ni para los demás, abandonarlo sí así te lo dicta tu corazón... Mira y observa todos los caminos de cerca y deliberadamente. Hazlo tantas veces como creas necesario. Después, pregúntate a ti mismo, y sólo a ti mismo, lo siguiente... ¿Tiene este camino corazón? Si lo tiene, el camino es bueno; si no lo tiene no sirve para nada.

Carlos Castaneda,
Las Enseñanzas de Don Juan

Darrera cada vent ve un món que no és el d'abans Rosa Martínez

L'any 1993, poc després de casar-se, Akané va realitzar una obra titulada **Sanctuary**. Una estructura de tenda de campanya coberta de blonda deixava transparentar la llum artificial col·locada al seu interior per l'artista. La idea d'un espai íntim, protegit, sagrat com un temple i a la vegada portàtil, no estàtic, susceptible de ser traslladat a altres llocs, apareixia condensada en la forma arrodonida, acollidora, femenina i càlida d'aquesta fràgil cova il·luminada, d'aquest microcosmos on es preparava la trobada amb una nova forma de la relació amorosa que redefinia la seva identitat com a dona en convertir-la en esposa.

La roba translúcida apareixia també a **Mother**, presentada per primera vegada l'any 1992 a l'Escola de Belles Arts de Grenoble. La delicadesa de la circumval·lació espiral convidava l'espectador a endinsar-se en aquesta estructura d'escala humana i després desfer el camí, per sentir com les idees de continuïtat i de reversibilitat, d'obertura infinita, estaven implícites en la peça. Akané traduïa així una visió que al·ludia a les connexions invisibles que uneixen les mares amb les filles de forma encadenada, generació rera generació. L'espiral del cordó umbilical uneix les dones a través dels segles, cap al passat i cap al futur. L'angoixa de trencar el circuit, la por de no donar vida a una altra dona que al seu torn podria portar a dins del ventre un altre ésser del sexe femení capaç d'engendrar i de seguir dibuixant l'espiral, se li plantejava quan pensava en la possibilitat de ser mare.

Partint de la dita japonesa generada per la mitologia infantil que diu que cada nena està unida per un fil invisible de color vermell a l'home que serà el seu marit, Akané va realitzar l'any 1995 dues versions de **Fins que la mort us separi**. Una roba perfectament tallada i cosida en forma de camisa d'home es prolongava per baix en un *contínuum* que, quan arribava a terra, adoptava la forma d'un vestit de dona. La seda negra lliscant per terra creava inquietants associacions amb el moviment sinuós de la serp que va temptar Eva i amb la idea de la unió indissoluble fins a la mort, a més d'al·ludir a la interrelació del yin i el yang.

Akané fa obres de proporcions humanes, que es poden encabir en un cub, que poden ser compreses en el gest d'una abraçada. En la seva producció es poden traçar dues línies diferenciades, que s'interconnecten i se separen per tornar a trobar-se. Una està relacionada amb els avatars de la seva vida personal. L'altra explora el que podríem anomenar enigmes còsmics. Totes dues busquen els arquetips de l'inconscient col·lectiu en l'expressió del quotidià.

Partiendo del dicho japonés generado por la mitología infantil que dice que cada niña está unida por un hilo invisible de color rojo al hombre que será su marido, Akané realizó en 1995 dos versiones de **Hasta que la muerte os separe**. Una tela perfectamente cortada y cosida en forma de camisa de hombre prolongaba sus bajos en un *contí-*

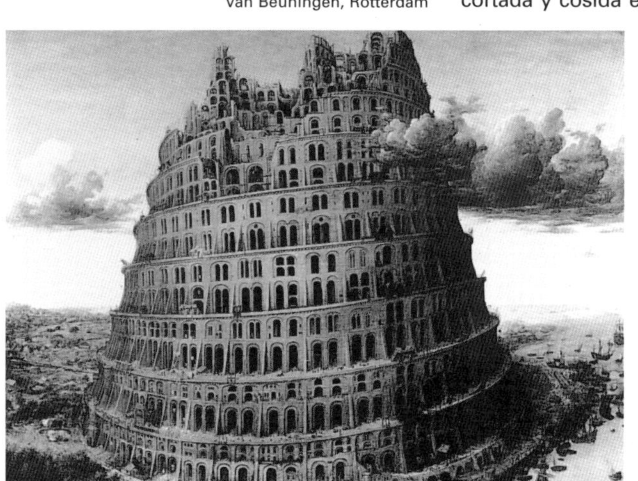

Pieter Bruegel
La torre de Babel
Museum Boijmans
Van Beuningen, Rotterdam

nuum que cuando llegaba al suelo tomaba la forma de un vestido de mujer. La seda negra deslizándose por el suelo creaba inquietantes asociaciones con el ondulado discurrir de la serpiente que tentó a Eva y con la idea de la unión indisoluble hasta la muerte, además de aludir a la interrelación del yin y el yang.

Akané hace obras de proporciones humanas, encuadrables en un cubo, susceptibles de ser comprendidas en el gesto de un abrazo. En su producción se pueden trazar dos líneas diferenciadas que se interconectan y se separan para volver a encontrarse. Una se relaciona con sus avatares personales. La otra explora lo que podríamos denominar enigmas cósmicos. Ambas buscan los arquetipos del inconsciente colectivo en la expresión de lo cotidiano.

La luz aparece a menudo como elemento simbólico del conocimiento, como presencia de un dios natural que impregna cada aspecto de la vida, como alimento necesario para el cuerpo y para el espíritu, aunque estas categorías separadas no tengan sentido desde la perspectiva oriental de la que surgen su pensamiento y sus visiones. En **La Santa Cena** (1991), la visceralidad de la mitología cristiana que transubstancia simbólicamente el pan y el vino en cuerpo y sangre de Cristo se sustituía, irónicamente, por la etérea invitación a un ágape de luz, más ligero pero no menos intenso, manifestando así el deseo de integrar diferentes concepciones religiosas. En los lugares sagrados del sintoísmo japonés no hay representaciones antropomórficas de los dioses, hay un espejo que refleja a los visitantes del recinto. La idea de que dios es la luz, el aire, la naturaleza, cada hoja, cada respiración, cada soplo del viento, de que comer la luz es como absorber cualquier otro elemento natural, supone una visión del mundo en la que el yo es concebido como un destello, como "una azul iluminación en la corriente alterna del karma", como escribe el poeta japonés Kenji Miyazawa.

Muchos filósofos y científicos occidentales han tratado de encontrar concomitancias con las tradiciones orientales. Fritjof Capra ha hablado del Tao de la física y

"Harían estos poemas que el hombre, la Vía Láctea, la hecatombe y el erizo de mar pensaran en la fresca Teoría de la Esencia, mientras se alimentan del polvo del universo o respiran el aire o el agua salada. Pero todo ello se reduce a un paisaje de nuestra alma."

Kenji Miyazawa,
Primavera y Hecatombe. Reflejos del Alma

La llum apareix sovint com a element simbòlic del coneixement, com a presèn-cia d'un déu natural que impregna cada aspecte de la vida, com a aliment neces-sari per al cos i per a l'esperit, encara que aquestes categories separades no tenen sentit des de la perspectiva oriental en què s'arrelen el seu pensament i les seves visions. A **El Sant Sopar** (1991), la visceralitat de la mitologia cristiana que transsubstancia simbòlicament el pa i el vi en el cos i la sang de Crist és substituïda, irònicament, pel convit eteri a un àgape de llum, més lleuger però no menys intens, manifestant així el desig d'integrar diferents concepcions reli-gioses. Als llocs sagrats del sintoisme japonès no hi ha representacions antro-pomòrfiques dels déus, hi ha un mirall que reflecteix els visitants del recinte. La idea que déu és la llum, l'aire, la natura, cada fulla, cada respiració, cada buf del vent, que menjar la llum és com absorbir qualsevol altre element natural, reflec-teix una visió del món en què el jo és concebut com un espurneig, com "una blava il·luminació en el corrent altern del karma", com escriu el poeta japonès Kenji Miyazawa.

Són nombrosos els filòsofs i científics occidentals que han mirat de trobar con-comitàncies amb les tradicions orientals. Fritjof Capra ha parlat del Tao de la físi-ca i Jung dels lligams entre la *gnosi* i els processos de l'inconscient col·lectiu en l'alquímia medieval, de les relacions d'unió de l'*animus* i l'*anima,* o de la llei que diu que els opostos es compensen i que després d'un període yin sorgeix una època yang. Així, l'Occident estaria vivint actualment un procés de curació espiritual que el portaria a redescobrir els aspectes femenins des-prés dels excessos del logocentrisme i de la raó instrumental.

La força del principi de sincronicitat que inspira les filosofies orientals, més que no pas seguir el principi de causalitat occidental, es basa en la percepció de la simultaneïtat relativa dels fenòmens. La reconciliació del caràcter linial del nostre recorregut com a individus amb la idea circular del temps, l'etern retorn de les estacions i de les diverses formes de vida apareix també a **Renaissance** (1993). Creada per celebrar el seu aniversari, aquesta obra consistia en una jaqueta de plàstic transparent amb petites ales que els convidats a la festa es posaven abans de pujar, un per un, les escales d'un pòdium en espiral, del qual se suposava que havien de saltar al buit per iniciar, simbòlicament, un nou cicle i reviure els proce-sos del naixement i la mort.

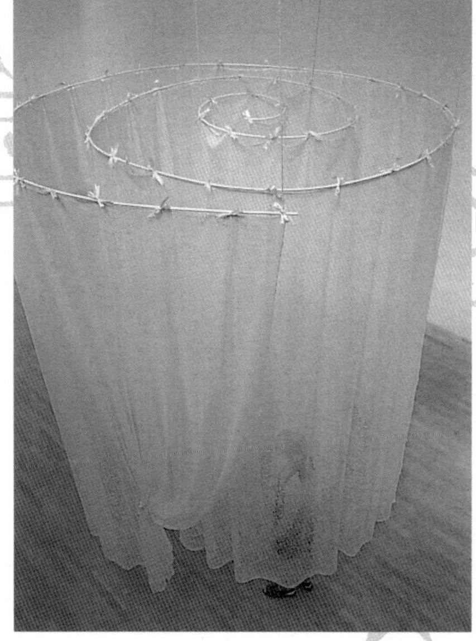

Akané
Mother
1992
Cortina de blonda i ferro
250x350x250 cm

"Es por su "inmensidad" por lo que los dos espacios, el espacio de la intimidad y el espacio del mundo, se vuelven consonantes. Cuando se profundiza en la gran soledad del hombre las dos inmensidades se tocan, se confunden."

Gaston Bachelard,
La poética del espacio

Jung de los vínculos entre la *gnosis* y los procesos del inconsciente colectivo en la alquimia medieval, de las relaciones de unión del *animus* y el *anima*, o de la ley que dice que los opuestos se compensan y que después de un periodo yin emerge una época yang. Occidente estaría ahora experimentando la curación espiritual que le llevaría a redescubrir lo femenino después de los excesos del logocentrismo y de la razón instrumental.

La fuerza del principio de sincronicidad que inspira las filosofías orientales, más que seguir el principio de causalidad occidental, se asienta en la percepción de la simultaneidad relativa de los fenómenos. La reconciliación del carácter lineal de nuestro discurrir como individuos con la idea circular del tiempo, el eterno retorno de las estaciones y de las diversas formas de vida aparece también en **Renaissance** (1993) que, creada para celebrar su cumpleaños, consistía en una chaqueta de plástico transparente con alitas que los invitados a su fiesta se ponían antes de subir, uno por uno, las escaleras de un pódium en forma espiral, del que se suponía que habían de lanzarse al vacío para iniciar, simbólicamente, un nuevo ciclo y revivir los procesos de nacimiento y muerte.

Si Akané ha titulado algunas de sus obras **Arquetipo** es porque busca acercarse a aquellos fenómenos que traspasan las diferencias culturales y generacionales y que le permiten desplazarse de los símbolos individuales a los de épocas o culturas diferentes para llegar a los del inconsciente colectivo. Desde las imágenes del primer astronauta pisando la luna -transmitidas por televisión y esenciales para el imaginario de toda una generación-, a la creación de configuraciones que pueden ser interpretadas como un campo de deportes, como el plano de una ciudad, como una constelación, un mandala o un mapa del inconsciente en el que se trazan los devenires de nuestra vida, la búsqueda de otras sensaciones y de nuevas posibilidades de percibir lo real alimenta sus recorridos, explorando los cambios de medida y de punto de vista para liberarnos del peso del mundo, para ser más alados en la comprensión de los misterios del universo.

La certera intuición de que se pueden trazar conexiones invisibles entre diferentes esferas de la realidad se revela de una forma intensamente poética en el proyecto **Constelaciones**, iniciado en 1991 y presentado ahora a través de Internet en la Sala Montcada. Akané invita a los usuarios de la red a enviarle imágenes

Akané
La Santa Cena
1991
Metacrilat, neó, fusta, lli, ganivets i forquilles
120x600x80 cm

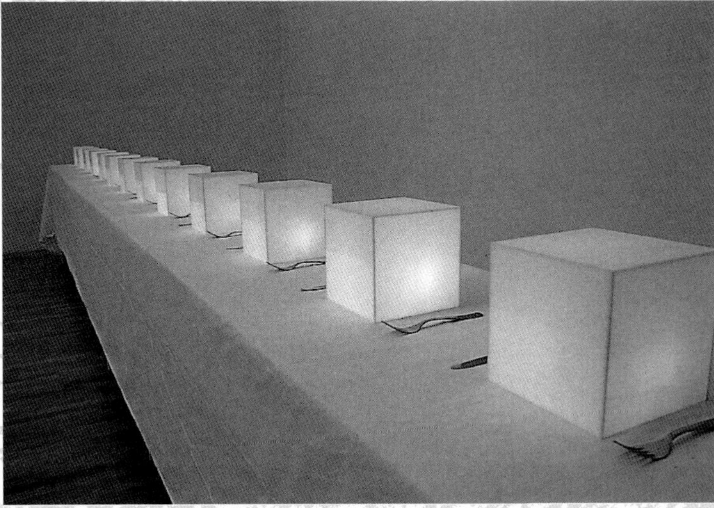

Si Akané ha titulat algunes de les seves obres **Arquetip** és perquè busca aproximar-se a aquells fenòmens que traspassen les diferències culturals i generacionals i que li permeten traslladar-se des dels símbols individuals als d'èpoques o cultures diferents, per arribar als de l'inconscient col·lectiu. Des de les imatges del primer astronauta trepitjant la lluna -transmeses per televisió i essencials per a l'imaginari de tota una generació-, fins a la creació de configuracions que es poden interpretar com un camp d'esports, com el plànol d'una ciutat, com una constel·lació, un mandala o un mapa de l'inconscient on apareixen dibuixats els esdevenirs de la nostra vida, la recerca d'altres sensacions i noves possibilitats de percepció de la realitat alimenta les seves trajectòries, en què explora els canvis de mesura i de punt de vista per alliberar-nos del pes del món, per ser més alats en la nostra comprensió dels misteris de l'univers.

L'encertada intuïció del fet que es poden traçar connexions invisibles entre diferents esferes de la realitat es revela de forma intensament poètica al projecte **Constel·lacions**, començat l'any 1991, i presentat ara a través d'Internet a la sala Montcada. Akané convida els usuaris de la xarxa a enviar-li imatges nocturnes del carrers de les seves ciutats, que els retorna després d'haver unit amb una línia blanca els punts de llum que hi apareixen, creant així constel·lacions imaginàries. D'aquesta manera, expressa el desig de transcendir l'estructura linial del temps i de l'espai, de crear múltiples punts de relació. El cel i la ciutat són vistos com pantalles, com llocs on projectar els nostres jocs, els nostres somieigs i la nostra necessitat de trobar senyals que donin sentit al nostre esdevenir -"l'escriptura dels astres que fa el seu pronòstic aeri dels esdeveniments humans" (Michel Leiris)-, entenent que les prediccions astrològiques no descansen sobre les accions dels planetes sinó de les nostres hipòtesis sobre el sentit del moment en què les formulem. És allò que intenta l'*I Ching*: "fer llegible la *qualitas occulta* del moment del temps" per afavorir que emergeixin altres formes de consciència que amplïn la dimensió metafísica de la realitat i ens acostin a l'estranyesa implícita en el fet

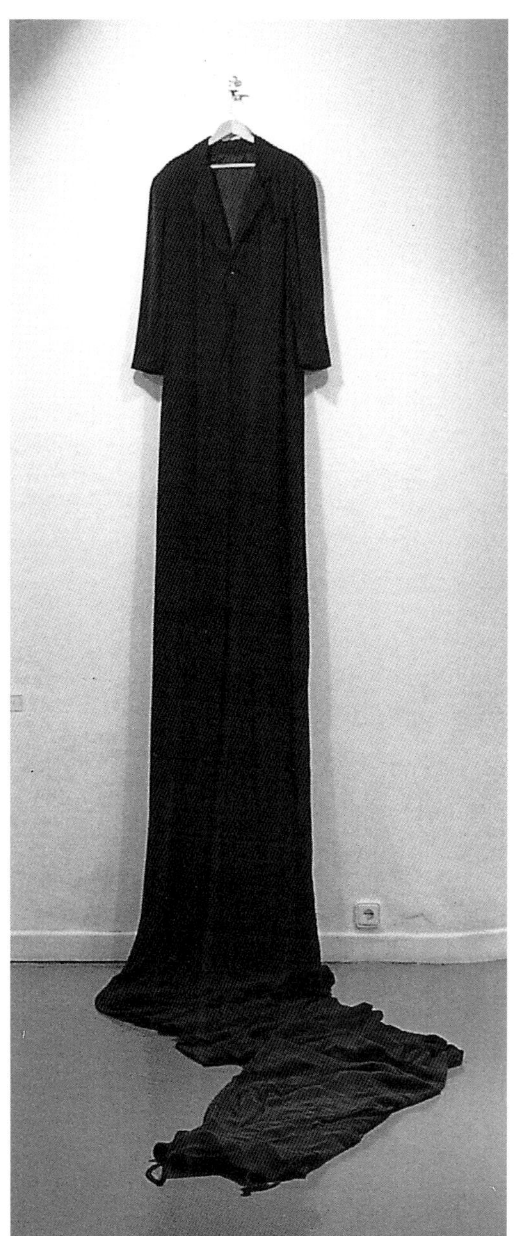

nocturnas de las calles de sus ciudades, que ella les devuelve después de haber unido con líneas blancas las luces que aparecen, creando así constelaciones imaginarias. De esta forma, expresa el deseo de trascender la estructura lineal del tiempo y el espacio, así como de establecer múltiples y fugaces puntos de relación. El cielo y la ciudad son vistos como pantallas, como lugares donde proyectar nuestros juegos, nuestras ensoñaciones y nuestra necesidad de encontrar señales para dar sentido a nuestro devenir -"la escritura de los astros que da su pronóstico aéreo de los acontecimientos humanos" (Michel Leiris)-, entendiendo que las predicciones astrológicas no descansan sobre las acciones de los planetas sino de nuestras hipótesis sobre el sentido del momento en que las formulamos. Es lo que el *I Ching* intenta: "hacer legible la *qualitas occulta* del momento del tiempo" para favorecer la emergencia de otras formas de conciencia que amplíen la dimensión metafísica de lo real y nos acerquen a la extrañeza implícita en el hecho de que la luz que vemos al mirar una estrella sea sólo un destello de la memoria del tiempo, pues la estrella quizá ya ha dejado de existir. Los astrónomos creerían trabajar con lo objetivo pero sólo interpretarían la memoria del universo.

En **Esperando la tormenta** (1997), la instalación específicamente creada para la Sala Montcada, Akané vuelve a utilizar la casa como arquetipo y a explorar el deseo de descubrir los flujos de energía, las fuerzas que pueblan el mundo, el viaje de la sensación interna a la sensación externa, de la casa al universo, para   conectar el cuerpo con el lugar, un gesto con otro gesto, una llamada con un deseo, y así sentir el cuerpo como casa, la casa como otro cuerpo más grande, la ciudad como lugar que también nos protege, que se convierte en nuestra casa, como lo es la tierra en relación a otros planetas. La idea de entrar en un mundo que no conocemos, temible e inabarcable, aparece desde que salimos del vientre materno y se extiende a esa otra trasposición del astronauta flotando en el espacio, perdido en el cosmos y sólo unido a la cápsula, su casa móvil, su protección frente al vacío negro del cosmos, por un pequeño cordón umbilical. El deseo de usar la casa como protección frente a lo desconocido y peligroso, frente a las tormentas que rompen el orden del mundo, corre paralelo al que la llum que veiem quan mirem una estrella sigui només un espurneig de la memòria del temps, perquè tal vegada l'estrella ja ha deixat d'existir. Els astrònoms creurien treballar sobre l'univers objectiu però tan sols estarien interpretant la memòria de l'univers.

A **Esperant la tempesta** (1996), la instal·lació específicament creada per a la Sala Montcada, Akané torna a utilitzar la casa com a arquetip i a explorar el desig de descobrir els fluxos de l'energia, les forces que habiten el món, el viatge de la sensació interna a la sensació externa, de la casa a l'univers, per connectar el cos amb el lloc, un gest amb un altre gest, una crida amb un desig i, així, sentir el cos com a casa, la casa com un altre cos més gran, la ciutat com un lloc que també ens protegeix, que es converteix en la nostra casa, com ho és la terra en relació a d'altres planetes. La idea d'entrar en un món que no coneixem, temible i inabastable, apareix des del moment que sortim del ventre matern i s'estén a aquesta altra transposició de l'astronauta flotant en l'espai, perdut en el cosmos i només unit a la càpsula, la seva casa mòbil, la seva protecció davant del buit negre del cosmos, per un petit cordó umbilical.

El desig de fer servir la casa com a protecció davant d'allò desconegut i perillós, davant de les tempestes que trenquen l'ordre del món, corre paral·lel al desig de dominar la natura, a l'orgull de creure que podem controlar-ho tot. Hi ha vegades que volem "equivocar la nostra por", tranquil·litzar-nos amb anàlisis, prediccions, dissenys i endevinalles per conjurar l'imprevisible. És llavors quan, lliurats al desordre de la tempesta, sentim la paradoxa de com és d'ínfim i necessari el nostre esforç per conèixer les lleis del món, per saber què significa el que passa al nostre voltant. Cerquem la casualitat amb sentit i el sentit de la casualitat, per arribar a creure que podem travessar-la, com un avió travessa els núvols cap al seu punt de destinació. Entenem l'art i la ciència com dues formes d'anar cap a la veritat, una a través de l'experimentació objectiva i l'altra explorant les oscil·lacions en què les metàfores ens permeten gronxar-nos per crear una sensació, per "fer sorgir una visió que il·lumina un instant", per acostar-nos a través del llenguatge de l'art al coneixement profund de la realitat. La casa d'Akané té el sostre obert i, mitjançant la inquietant imatge del molins eòlics girant lentament que es contempla des de la finestra, al·ludeix a la con-

"Si la nature est comme l'art, c'est parce qu'elle conjugue de toutes les façons ces deux éléments vivants: la Maison et l'Univers, le Heimlich et le Unheimlich, le territoire et la déterritorialisation, les composés mélodiques finis et le grand plan de composition infini, la petite et la grande ritournelle."

Deleuze- Guattari,
Qu'est-ce que la philosophie?

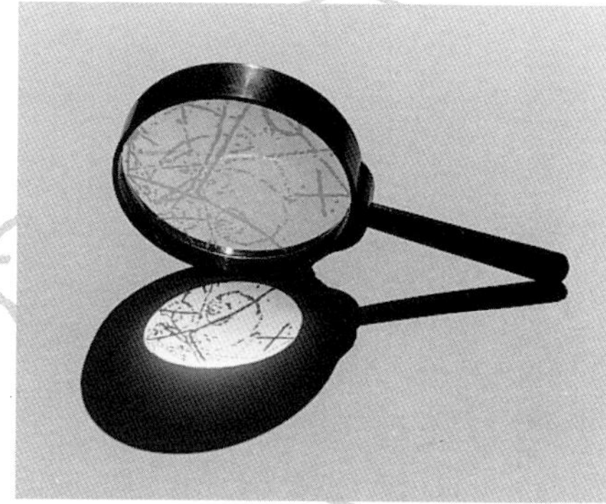

Akané
Cosmic Dance
1994
Lupa amb gravat de partícules elementals
18x9 cm

deseo de dominar la naturaleza, al orgullo de creer que podemos controlarlo todo. Hay veces en que queremos "equivocar nuestro miedo", tranquilizarnos con análisis, predicciones, diseños y adivinanzas para conjurar lo imprevisible. Es entonces cuando, librados al desorden de la tormenta, sentimos la paradoja de lo ínfimo y lo necesario que es nuestro esfuerzo para conocer las leyes del mundo, para saber qué significa lo que pasa a nuestro alrededor. Buscamos la casualidad con sentido y el sentido de la casualidad, para abrir el momento y sentir que podemos atravesarla, como un avión atraviesa las nubes hacia su destino, y entendemos el arte y la ciencia como dos formas de ir hacia la verdad, una a través de la experimentación objetiva y otra explorando las oscilaciones en que las metáforas nos permiten balancearnos para crear una sensación, para "hacer surgir una visión que ilumina un instante", para acercarnos a través del lenguaje del arte al conocimiento profundo de lo real.

La casa de Akané tiene el techo abierto y, mediante la inquietante imagen del giro ralentizado de los molinos eólicos que se contempla desde su ventana, alude a la conexión entre el interior y el exterior, a la vez que sugiere la fuerza de ese momento terrible y fascinante en que parece que el orden y el ritmo del mundo van a ser dramáticamente e irreversiblemente subvertidos y en que se sienten simultáneamente el miedo y la inquietud mezclados con la excitación por la catástrofe, "esperando el desastre también con alegría", sabiendo que existe el ojo del huracán, que dentro del tifón se ve un cielo más azul y que, después de la tormenta volverá lo cotidiano enriquecido con el sedimento de una experiencia que, en el recuerdo, parecerá soñada. Se perfila entonces un cambio de actitud ante la vida y el pánico de la espera se transforma en abandono, en un librarse al flujo del acontecer, en un sentimiento de sutil reconciliación con las fuerzas del cosmos que nos hace pensar que no es que soñemos, sino que alguien nos sueña. Nos situamos así lejos de la "certeza imperativa del psicótico" y vivimos la saludable y feliz incertidumbre que nos confirma internamente que "lo peor no es siempre seguro" (Lacan) y que nos abre a la esperanza implícita en una de las greguerías de Ramón Gómez de la Serna que, ni para bien ni para mal sino todo lo contrario, dice que "detrás de cada viento viene un mundo que no es el de antes".

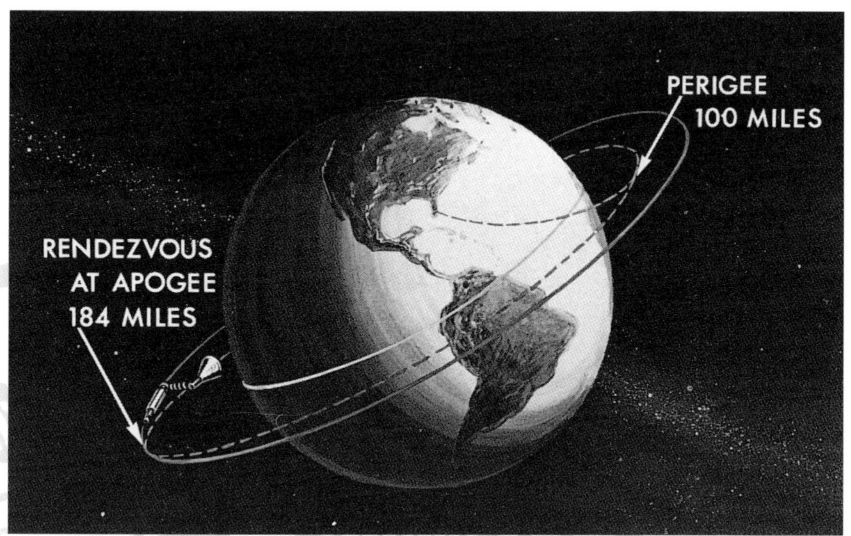

nexió entre l'interior i l'exterior, tot suggerint alhora la força d'aquest moment terrible i fascinant en què l'ordre i el ritme del món sembla que seran dramàticament i irreversiblement subvertits, moment en què hom sent alhora la por i la inquietud barrejades amb l'excitació per la catàstrofe, "esperant el desastre també amb alegria", sabent que existeix l'ull de l'huracà, que a dins del tifó es veu un cel més blau i que després de la tempesta tornarà la quotidianitat enriquida amb el sediment d'una experiència que, en el record, semblarà somiada. Llavors es perfila un canvi d'actitud davant de la vida i el pànic de l'espera es transforma en abandó, en un deixar-se portar pel flux de l'esdevenir, en un sentiment de subtil reconciliació amb les forces del cosmos que ens fa pensar que no és que somiem, sinó que algú ens somia. Ens situem així lluny de la "certesa imperativa del psicòtic" i vivim la saludable i feliç incertesa que ens confirma internament que "el pitjor no és sempre segur" (Lacan) i que ens obre a l'esperança implícita en una de les *greguerías* de Ramón Gómez de la Serna que diu, ni per bé ni per mal sinó ben al contrari, "darrera cada vent ve un món que no és el d'abans".

In the silence just before the dawn
The shadows lose their form
We rise to greet the morning
In the calm that comes before storm
A troubled and a restless heart is born
The river of endless love

Moody Blues,
The River of Endless Love

Lo fugaz y lo eterno

Javier E. Armentia
Astrofísico
Director, Planetario de Pamplona

Miramos al cielo, asombrados o sobrecogidos. Pero es el cielo, el universo como fuente de conocimiento objetivo, el que miran los astrónomos. Nuestro sistema planetario, las estrellas y los planetas que en torno a ellas orbitan; sistemas dobles, triples, múltiples, que bailan una danza regida por la gravedad: la misma fuerza que conforma un cosmos en jerarquías crecientes de tamaño y masa. Galaxias como remolinos de estrellas, colisiones que duran cientos de millones de años, escenarios dantescos en los que un agujero negro está devorando soles enteros continuamente. A través de herramientas como telescopios o antenas de radio, satélites y sondas espaciales, empezamos a hacernos una idea de nuestro lugar en un universo en cambio.

Materia y energía, ligadas por cuatro fuerzas fundamentales, en un espacio-tiempo que puede llegar a tener diez dimensiones. Son conceptos que, por ajenos o extraños que nos parezcan, modelan una realidad que observamos, pero que no alcanzamos a modificar. La física actual, que desarrolla una nueva manera de ver la realidad, una lógica y hasta una metafísica nuevas, nos revela un cosmos en cambio, en continua reestructuración. Estamos hablando de la expansión del universo, de un posible origen perdido en el comienzo del tiempo y del espacio, hace quince mil millones de años; de la materia que se hace y deshace en los hornos de las estrellas, orden y caos completo en las explosiones que marcan el final de sus vidas. De todo ello somos espectadores mudos, fugaces, contingentes, ayudados por la razón intentando averiguar qué es todo esto que nos rodea, y que percibimos como una bóveda celeste, sobre la que seguimos pintando constelaciones.

En este sentido, la obra de Akané Asaoka prolonga el firmamento en nuestro propio entorno. Las constelaciones son, ahora, parte de nuestra vida urbana. Dos dimensiones recreadas en el plano focal de una cámara fotográfica que, fugaz a la manera de este fin de milenio, navega por Internet. De la misma manera, el cambio, la evolución que se presiente, ese "todo fluye" de Heráclito, se

El fugaç i l'etern

Javier E. Armentia
Astrofísic
Director, Planetari de Pamplona

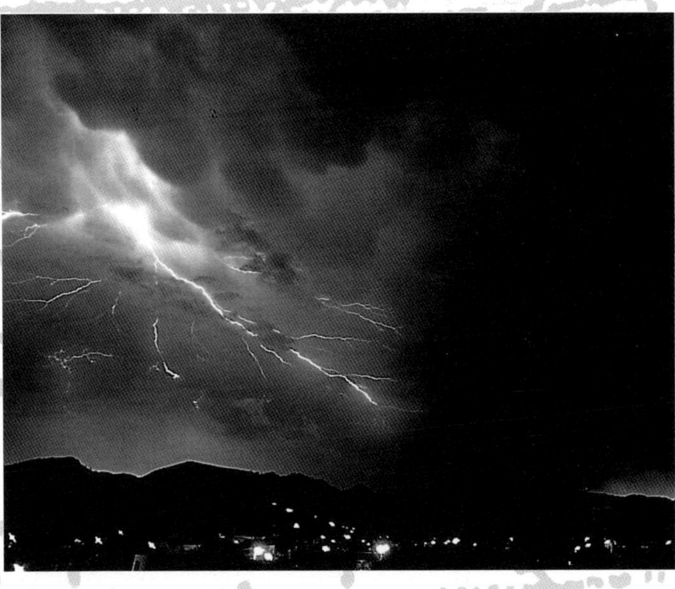

Una inesperada tempesta elèctrica d'estiu
a Palmañola, Palma de Mallorca
Foto: Marcos Molina

Mirem el cel, sorpresos o corgelats. Però és el cel, l'univers com a font de coneixement objectiu, aquell que miren els astrònoms. El nostre sistema planetari, les estrelles i els planetes que giren al seu voltant; sistemes dobles, triples, múltiples que dansen una dansa regida per la gravetat: la mateixa força que conforma un cosmos en jerarquies creixents de grandària i de massa. Galàxies com remolins d'estrelles, col·lisions que duren centenars de milions d'anys, escenaris dantescos en què un forat negre engoleix sols sencers contínuament. Mitjançant eines com telescopis o antenes de ràdio, satèl·lits i sondes espacials, comencem a fer-nos una idea del nostre lloc en un univers canviant.

Matèria i energia, lligades per quatre forces fonamentals, en un espai-temps que pot arribar a tenir deu dimensions. Són conceptes que, per aliens o estranys que ens semblin, modelen una realitat que observem però que no podem modificar. La física actual, que desenvolupa una nova manera de veure la realitat, una lògica i fins una metafísica noves, ens revela un cosmos en canvi, en contínua reestructuració. Estem parlant de l'expansió de l'univers, d'un possible origen perdut al començament del temps i de l'espai, fa quinze mil milions d'anys; de la matèria que es fa i desfa als forns de les estrelles, ordre i caos complet en les explosions que marquen el final de les seves vides. De tot plegat som espectadors muts, fugaços, contingents, ajudats per la raó en l'intent d'esbrinar què és tot això que ens envolta i que percebem com una volta celest, sobre la qual seguim pintant constel·lacions.

En aquest sentit, l'obra d'Akané Asaoka prolonga el firmament al nostre propi entorn. Les constel·lacions són, ara, part de la nostra vida urbana. Dues dimensions recreades al pla focal d'una càmera fotogràfica que, fugaç a la manera d'a-

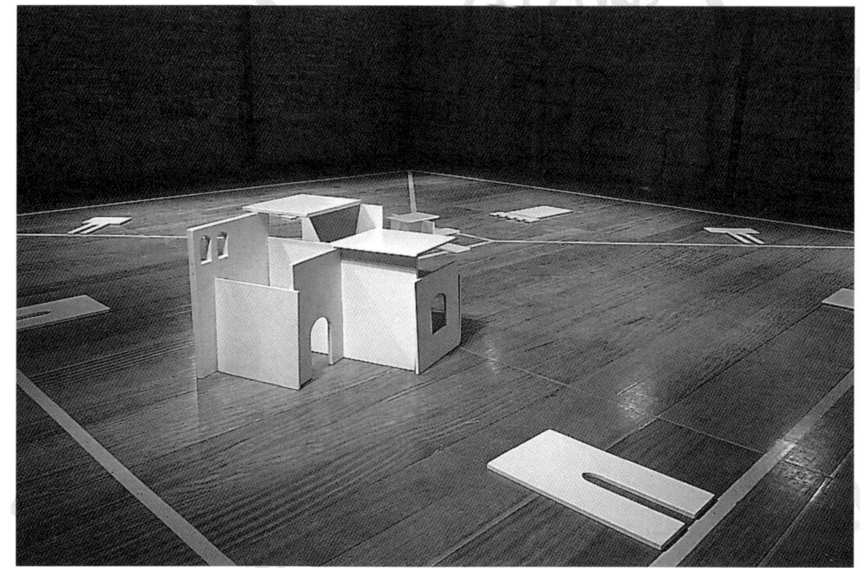

Akané
Archetype 2
1994
Fusta pintada i cinta adhesiva
Instal·lat al temple romà de Vic
600x600 cm

hace un instante eterno mientras esperamos la tormenta, mientras la naturaleza convoca las energías para el caos.

Son pautas que se traducen (o transducen) por la mirada y la voluntad del artista. A la manera del científico, que escudriña la naturaleza intentando encontrar el sentido oculto, la ley que rige el fenómeno, Akané Asaoka oficia de alquimista, en un crisol que reúne los elementos primarios que sintetizan una realidad en cambio.

Los astrónomos y astrofísicos miramos al cielo, intentamos descubrir qué procesos suceden en el cosmos, cuáles son los fenómenos e interacciones que han llegado a producir la variedad de lo observado. El artista, de igual manera, nos propone un teorema en forma plástica: una ecuación donde lo eterno y lo fugaz son operandos contrapuestos, de cuya interacción y síntesis se integra la evolución temporal del sistema. Esperando esa solución, miramos a las constelaciones, que parecen traer una respuesta. O inmovilizados ante la naturaleza, como nuestros ancestros, esperamos la tormenta.

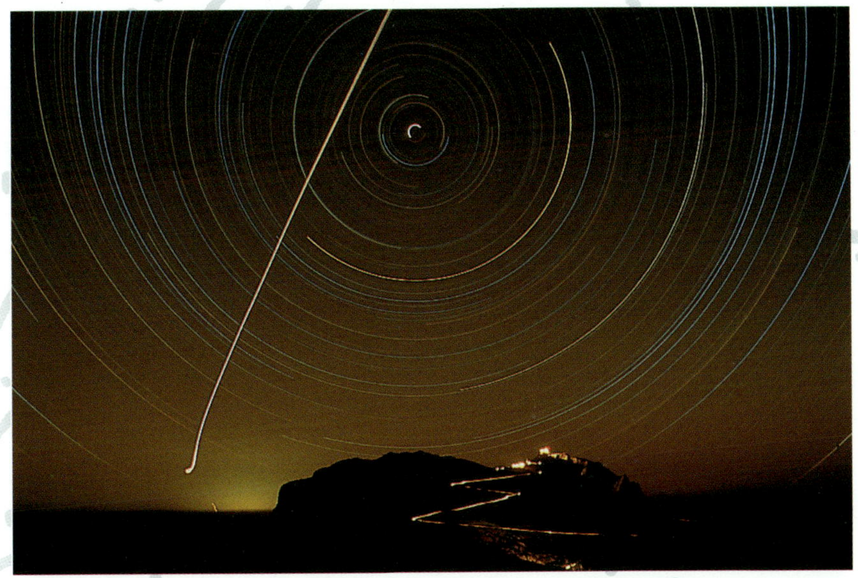

Puig Major, estrella polar,
resplendor de Barcelona, avió BCN-PM. 1993
Foto: Marcos Molina

quest final de mil·lenni, navega per Internet. De la mateixa manera, el canvi, l'e-
volució que es pressent, aquell "tot flueix" d'Heràclit, esdevé un instant etern
mentre esperem la tempesta, mentre la natura convoca les energies per al caos.
Són pautes que es tradueixen per la mirada i la voluntat de l'artista. A la mane-
ra del científic, que escodrinya la natura intentant trobar el sentit ocult, la llei que
regeix el fenomen, Akané Asaoka oficia d'alquimista, en un gresol que reuneix
els elements primaris que sintetitzen una realitat en canvi.

Els astrònoms i astrofísics mirem el cel, intentem descobrir quins processos
s'esdevenen al cosmos, quins són els fenòmens i les interaccions que han arri-
bat a produir la varietat del que observem. L'artista, igualment, ens proposa un
teorema en forma plàstica: una equació on l'etern i el fugaç són operands con-
traposats, la interacció i la síntesi dels quals integra l'evolució temporal del sis-
tema. Esperant aquesta solució, mirem les constel·lacions, que semblen portar
una resposta. O immobilitzats davant de la natura, com els nostres avantpassats,
esperem la tempesta.

El 25 de octubre de 1968 a las 9:00 a.m. GMT (12:00 hora de Moscú) fue lanzado desde el cosmódromo de Baikonur el Soyuz-2, tripulado por el piloto-cosmonauta Coronel Ivan Istochnikov. Nombre clave del vuelo: Radón. Al día siguiente fue lanzado el Soyuz-3 a las 9:34 GMT, con el piloto-cosmonauta Teniente Coronel Giorgi Beregovoi a bordo, con la misión de ensamblar las dos naves en el espacio. Nombre clave del segundo vuelo: Argón.
Se conservan más de seis horas de conversaciones grabadas entre Radón y los diferentes centros y buques de seguimiento, que fueron desclasificadas por la Glavcosmos en 1992. Básicamente se trata de diálogos de carácter técnico y, en algún caso, formalmente institucional. Seleccionamos excepcionalmente el siguiente pasaje por su contenido más distendido y humano.

ASK: Atención Radón. Coronel Istochnikov, ¿nos recibe? Coronel Istochnikov, aquí el buque Akademik Sergei Korolev ¿nos recibe?

Soyuz-2: Les recibo nítidamente. Ya volvía a tener ganas de oir una voz...

ASK: Soy el Capitán Kleimenov, del I.K.T. [1], que relevo al Comandante Petrushevsky, con el que Vd. ya se ha comunicado en anteriores contactos. ¿Cómo va todo?

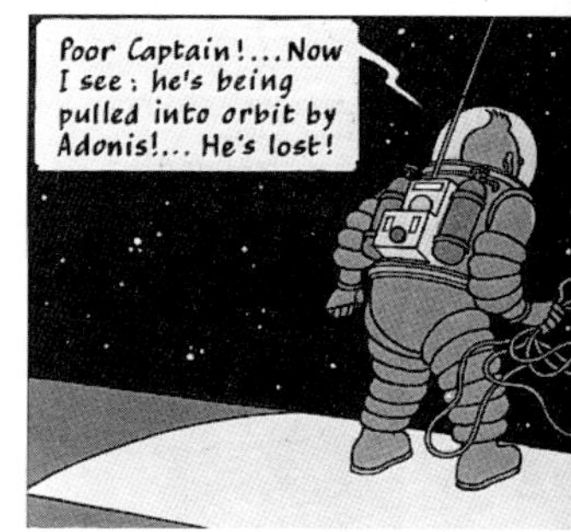

Soyuz-2: Muy bien, Capitán, sólo que los períodos de silencio se me hacen largos. El silencio aquí es pesado y profundo. Bueno, en realidad todas las percepciones son más intensas que en los entrenamientos. Supongo que es el síndrome del cosmonauta embarcado finalmente en una misión real...

ASK: Bueno, está viviendo Vd. una experiencia única. Ahora está justo en nuestro zenit, casi en el perigeo de la órbita, a 189 km de altitud. ¿Cómo se nos ve desde su cápsula?

Soyuz-2: Puedo identificar zonas nubosas y la sombra que proyectan, el perímetro de África y todo el sureste de Asia. Veo bien los continentes, las islas, las cordilleras, los grandes ríos. El océano... la superfície del agua es oscura pero con puntos brillantes. Es un espectáculo grandioso.

ASK: Sólo falta que Vd. proyecte mentalmente los meridianos y los paralelos y obtendrá un mapamundi perfecto.

Soyuz-2: Es verdad, ya lo he hecho inconscientemente (risas).
Ahora miro hacia el horizonte y veo un efecto de difracción increíble. La Tierra está rodeada por un halo de luz azulada, que gradualmente se oscurece, se vuelve turquesa, luego violeta oscuro y finalmente negro carbón. La oscuridad del firmamento también es impresionante. El cielo es de un negro profundo, pero al mismo tiempo brillante por la luminosidad del sol.

Vinyeta de "Tintín on the Moon"
Cortesia Fondation Hergé

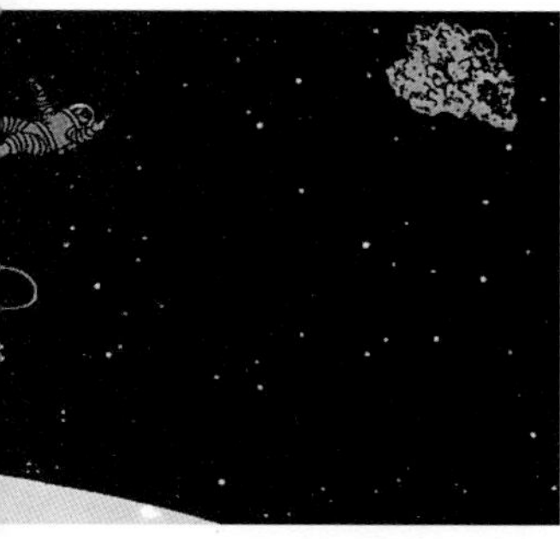

ASK: Atenció Radó. Coronel Istochnikov, ens rebeu? Coronel Istochnikov, aquí el vaixell Akademik Sergei Korolev, ens rebeu?

Soyuz-2: Us rebo nítidament. Ja tornava a tenir ganes de sentir una veu...

ASK: Sóc el capità Kleimenov, de l'I.K.T.[1], que rellevo el comandant Petrushevsky, amb qui us heu comunicat ja en anteriors contactes. Com va tot?

Soyuz-2: Molt bé, capità, només que els períodes de silenci se'm fan llargs. El silenci aquí és pesat i profund. Bé, en realitat totes les percepcions són més intenses que als entrenaments. Suposo que és la síndrome del cosmonauta embarcat finalment en una missió real...

ASK: Bé, esteu vivint una experiència única. Ara us trobeu just al nostre zenit, gairebé al perigeu de l'òrbita, a 189 km d'altitud. Com se'ns veu des de la vostra càpsula?

Soyuz-2: Puc identificar zones ennuvolades i l'ombra que projecten, el perímetre d'Àfrica i tot el sud-est d'Àsia. Veig bé els continents, les illes, les serralades, els grans rius. L'oceà... la superfície de l'aigua és fosca, però amb punts brillants. És un espectacle grandiós.

ASK: Només falta que projecteu mentalment els meridians i els paral·lels i obtindreu un mapamundi perfecte.

Soyuz-2: És veritat, ja ho he fet inconscientment (rialles). Ara miro cap a l'horitzó i veig un efecte de difracció increïble. La Terra està envoltada d'un halo de llum blavosa, que gradualment s'enfosqueix, es torna turquesa, després violeta fosc i finalment negre carbó. La foscor del firmament també és impressionant. El cel és d'una negror profunda, però alhora brillant per la lluminositat del sol.

El 25 d'octubre de 1968 a les 9:00 del matí GMT (12:00 hora de Moscú), al cosmòdrom de Baikonur, va tenir lloc el llançament de la nau Soyuz-2, tripulada pel pilot-cosmonauta coronel Ivan Istochnikov. Nom en clau del vol: Radó. L'endemà a les 9:34 GMT, s'efectua el llançament de la nau Soyuz-3, tripulada pel pilot-cosmonauta tinent coronel Giorgi Beregovoi a bord, amb la missió d'acoblar les dues naus a l'espai. Nom en clau del segon vol: Argó.
Es conserven més de sis hores de gravació de les converses entre Radó i els diferents centres i vaixells de seguiment, que foren desclassificades per la Glavcosmos l'any 1992. Es tracta bàsicament de diàlegs de caràcter tècnic i, en algun cas, de caràcter formalment institucional. N'hem seleccionat excepcionalment el fragment següent a causa del seu contingut més distès i humà.

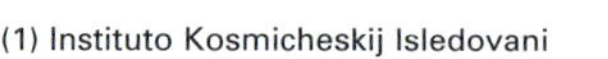

ASK: Supongo que lo veremos en fotografía...

Soyuz-2: Veo un crepúsculo cada hora y media, pero éste es con creces el más vistoso. Lo siento pero éste se lo van a perder porque la cámara flota alrededor mío y yo estoy absorto con el espectáculo. Me siento verdaderamente conmovido por esta revelación de la belleza: belleza del cielo negro, belleza de nuestro planeta, belleza de la luz del sol.

ASK: Hasta mañana no tiene Vd. trabajo. El SAU[2] sigue operativo, no hay que hacer ninguna maniobra de corrección, o sea que dedíquese Vd. a disfrutar del panorama.

Soyuz-2: Lo cierto es que el panorama, como lo llama Vd., es tan maravilloso que me siento exultante. El firmamento es un prodigio pero también lo es el genio humano que me ha traído hasta aquí.

(1) Instituto Kosmicheskij Isledovani
(2) Sistema Automaticheskogo Upravleniya

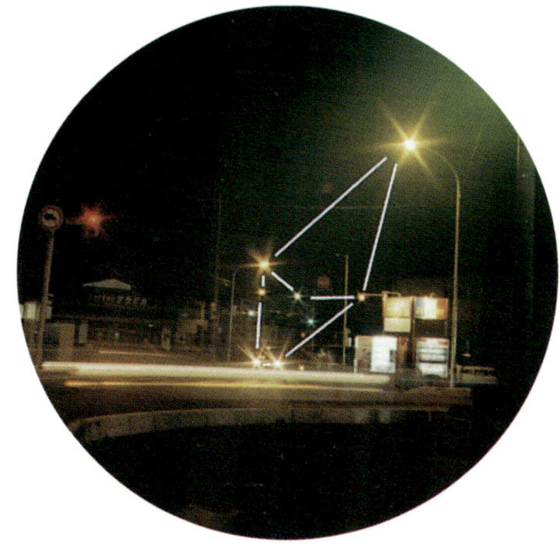

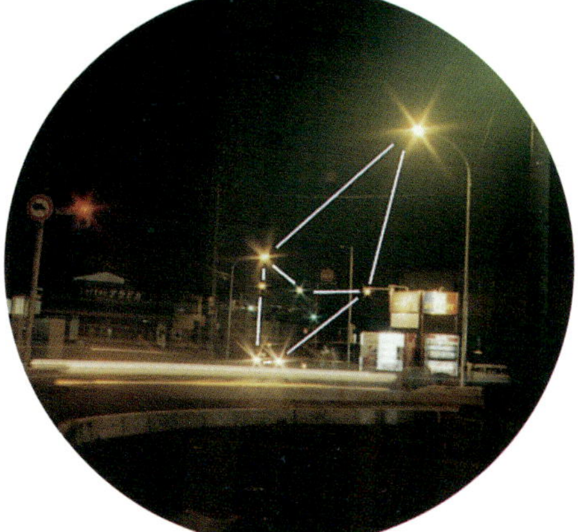

1 - Constellation, París, 1994

2 - Constellation, Tampere,1996
   Imatge de Juha Valimaki enviada per Internet

3 - Constellation, Los Angeles, 1996
   Imatge de Nancy & Howard Levin and Dextra Frankel enviada per Internet

4 - Constellation, Tòquio,1996

ASK: Suposo que ho veurem en fotografia...

Soyuz-2: Veig un crepúscul cada hora i mitja, però aquest és de lluny el més vistós. Ho sento, però aquest us el perdreu perquè la càmera flota al meu voltant i jo estic absort amb l'espectacle. Em sento veritablement commogut per aquesta revelació de la bellesa: bellesa del cel negre, bellesa del nostre planeta, bellesa de la llum del sol.

ASK: Fins demà no teniu feina. El SAU[2] segueix operatiu, no cal fer cap maniobra de correcció, o sigui que dediqueu-vos a gaudir del panorama.

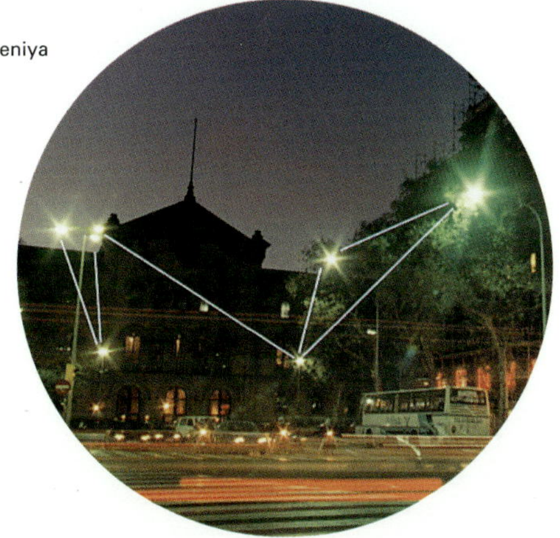

Soyuz-2: La veritat és que el panorama, com en dieu, és tan sublim que em sento exultant. El firmament és un prodigi però també ho és el geni humà que m'ha dut fins aquí.

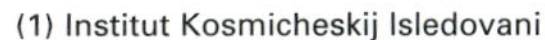

(1) Institut Kosmicheskij Isledovani
(2) Sistema Automaticheskogo Upravleniya

6

5

7

5 - Constellation, Hong Kong, 1996
  Imatge de Braian Wheeldon enviada per Internet

6 - Constellation, Bangkok, 1997

7 - Constellation, Barcelona, 1991

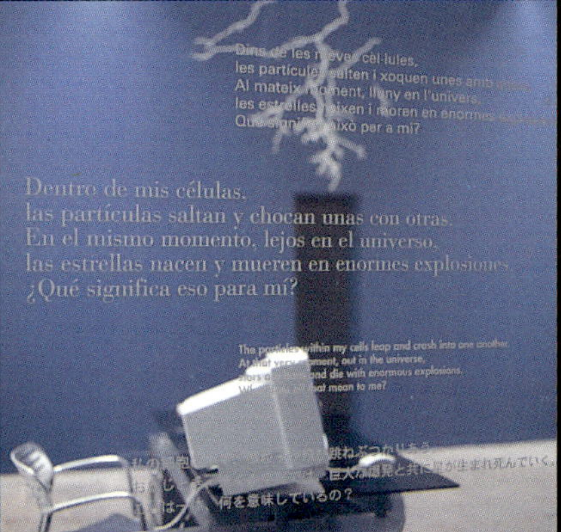

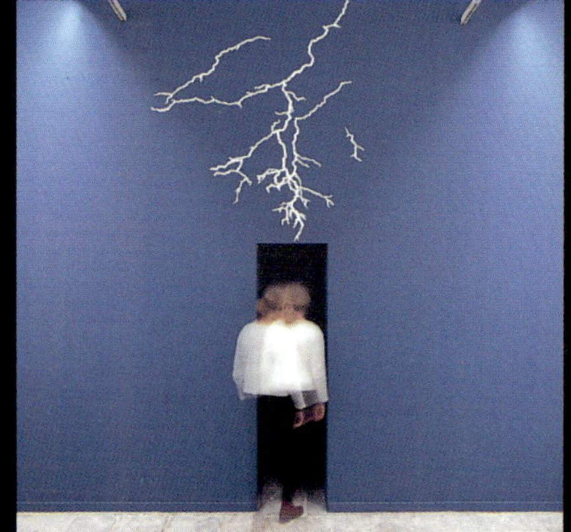

Esperando la tormenta
1997
Instal·lació
Sala Montcada de la Fundació "la Caixa"

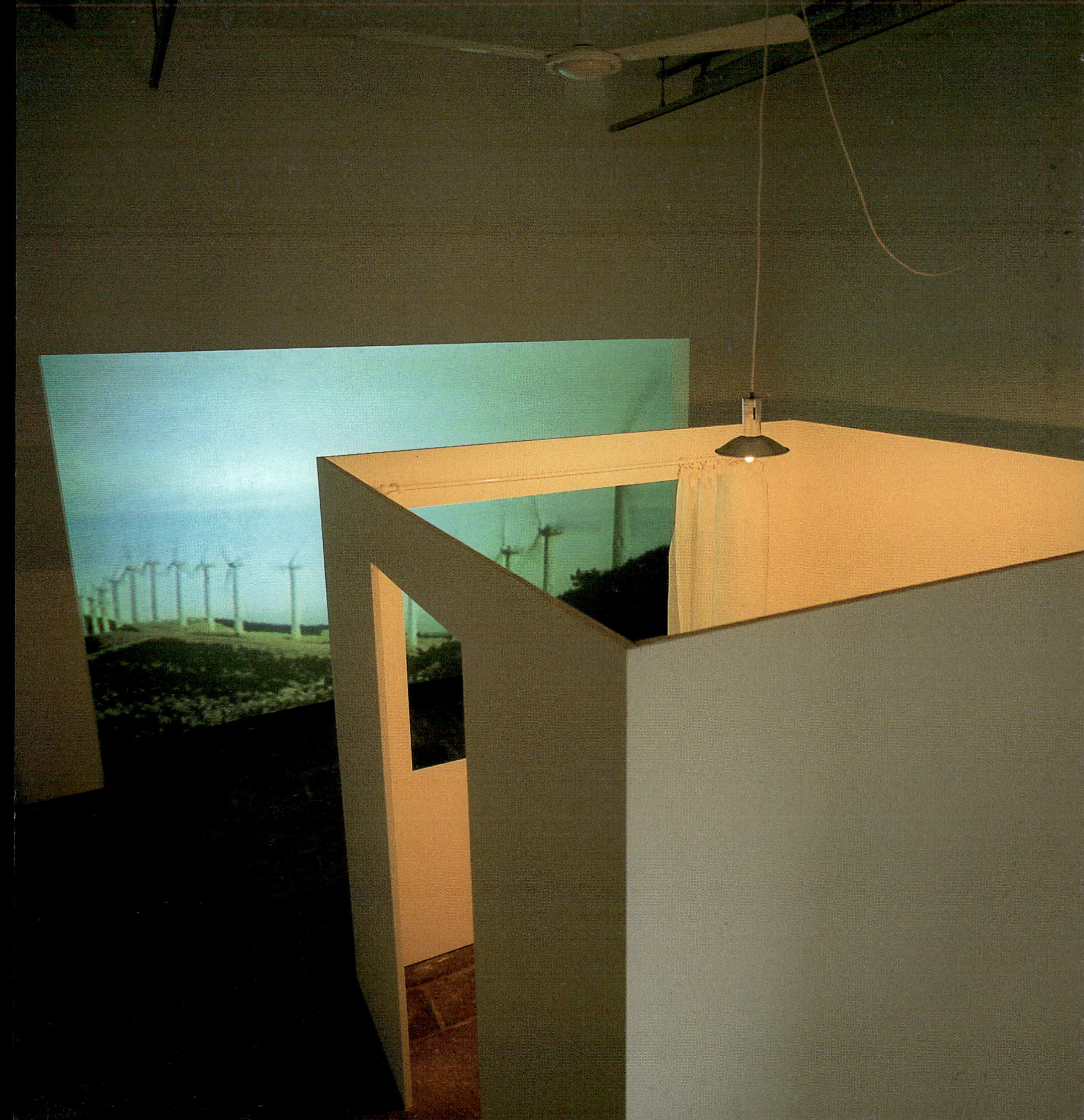

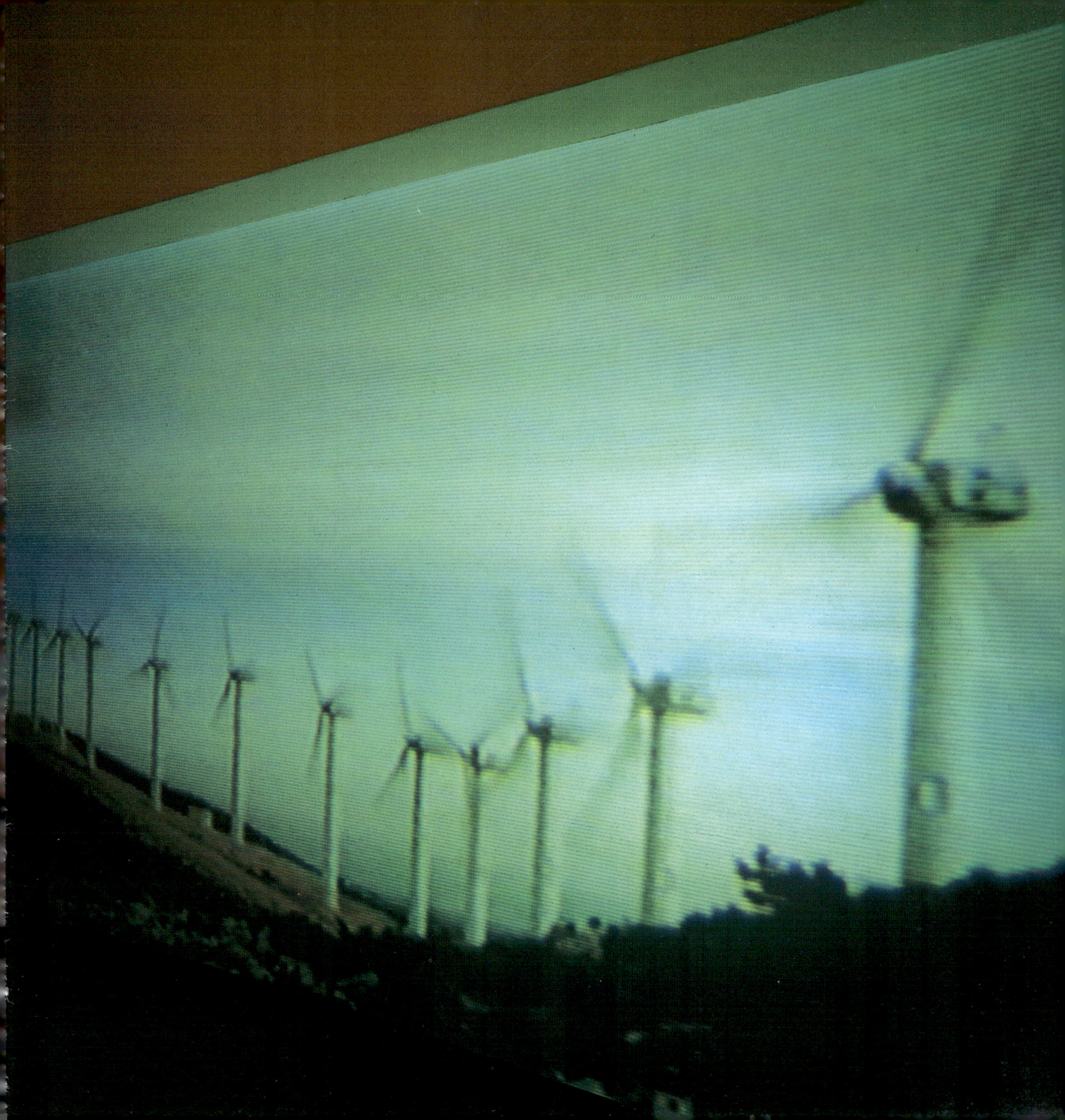

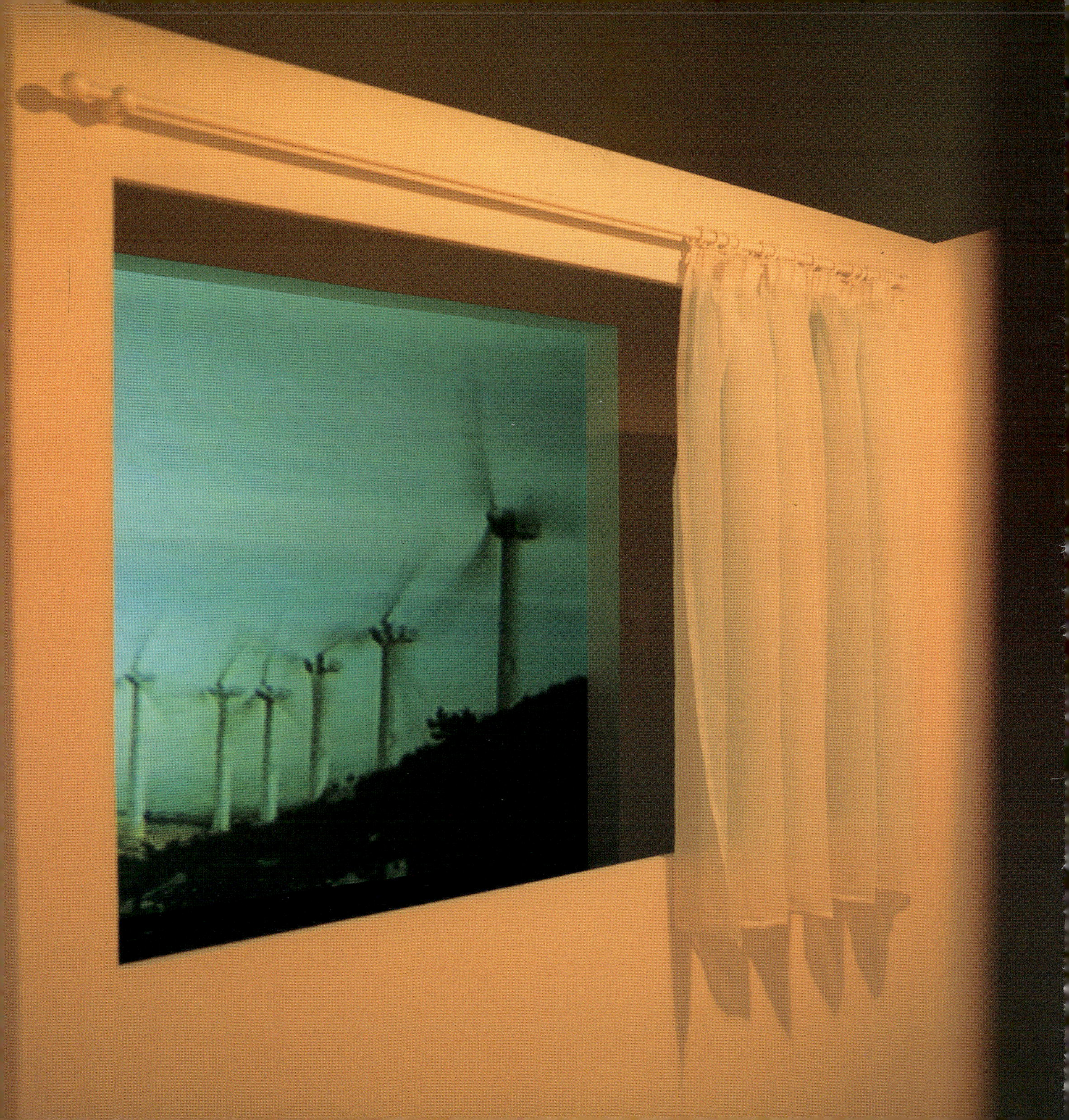

Behind every wind there comes a world that is not that of before

In 1993, shortly after her wedding, Akané produced a work entitled **Sanctuary**. A tent-like structure was covered with a lace cloth through which shone the artificial light that the artist had placed in the interior. The idea of an intimate, protected space, as sacred as a temple and at the same time portable, not static, capable of being moved to other places, was here condensed in the rounded, welcoming, feminine and warm form of this fragile illuminated cave, this microcosm in which there was being prepared the encounter with a new form of amorous relationship that redefined her identity as a woman on becoming a wife.

> "Any path is only a path, and it is no offence, either to oneself or to others, to abandon it if your heart so dictates… Look and observe all paths closely and deliberately. Do so as many times as you think necessary. Then ask yourself, and only yourself, the following… Does this path have a heart? If it does, the path is good; if it does not, it is worthless."
>
> Carlos Castaneda,
> *The Teachings of Don Juan*

The translucent cloth had also been used in **Mother**, shown for the first time in 1992 at the École des Beaux Arts in Grenoble. The delicacy of the spiral pathway invited the spectator to enter inside this structure on the human scale, and then to retrace the path in order to feel how the ideas of continuity and reversibility, of infinite opening, were implicit in the piece. Akané was thus translating a vision that alluded to the invisible connections that link mothers to daughters in a great chain, generation after generation. The spiral of the umbilical cord unites women across the centuries, back into the past and forward into the future. The fear of breaking the circuit, the anxiety of not giving life to another woman who could in her turn carry in her belly another being of the female sex capable of engendering and of continuing to trace out the spiral confronted her when she thought about the possibility of being a mother.

Starting out from the Japanese saying, inspired by childhood mythology, which affirms that every girl is united by an invisible red thread to the man who is to be her husband, in 1995 Akané produced two versions of **Till death you do part**. A piece of cloth perfectly cut and sewn in the shape of a man's shirt, the lower part of which continued on down in a continuum which, on reaching the floor, took the form of a woman's dress. The black silk rippling across the floor set up disturbing associations with the undulating movement of the snake that tempted Eve and with the idea of a union indissoluble until death, as well as alluding to the interrelation of yin and yang.

Akané produces works with human proportions, that can be framed within a cube, capable of being encompassed in the gesture of an embrace. It is possible to trace out two clearly differentiated lines in her oeuvre; lines that interconnect and separate, only to meet again. One of these is related to her own personal avatars. The other explores what we might call cosmic enigmas. Both search for the archetypes of the collective unconscious in the expression of the everyday.

> "It is on the basis of their 'immensity' that the two spaces, the space of intimacy and the space of the world, become consonant. As we look more deeply into the great loneliness of man the two immensities touch and fuse with one another."
>
> Gaston Bachelard,
> *The poetics of space*

Light frequently appears as the element that symbolizes knowledge, as the presence of a natural godhead which impregnates every aspect of life, as the necessary sustenance of the body and the spirit, although such separate categories have no meaning in the Oriental world-view that underpins Akané's thought and her visions. In **The Last Supper** (1991), the viscerality of the Christian my-thology that symbolically transubstantiates the bread and the wine into the body and blood of Christ was replaced, ironically, by the ethereal invitation to a banquet of light, lighter in weight but no less intense, in this way manifesting the desire to integrate different conceptions of religion. In the holy places of Japanese Shintoism there are no anthropomorphic representations of the deities; instead, there is a mirror that reflects the people who visit the precinct. The idea that god is light, air, nature, each leaf, each breath, each puff of wind; that to eat light is akin to absorbing any other natural element, implies a conception of the world in which the self is apprehended as a spark of light, as a "blue illumination in the alternate current of karma", as the Japanese poet Kenji Miyazawa has written.

> "These poems would make man, the Milky Way,
> the hecatomb and the sea urchin
> think of the cool Theory of Essence
> as they feed on the dust of the universe
> or breathe the air or the salt water.
> But all is reduced to a landscape of our soul."
>
> Kenji Miyazawa,
> "Spring and Hecatomb. Reflections
> of the soul"

Many Western philosophers and scientists have sought to find points of contact with Oriental traditions. Fritjof Capra has spoken of the Tao of physics and Jung of the lines of connection between *gnosis* and the processes of the collective unconscious in mediaeval alchemy, of the relationships binding together the *animus* and the *anima*, and of the law which says that opposites complement one another, and that a period of yin is followed by a period of yang. Thus the West would now be experiencing the spiritual healing that would lead it to rediscover the feminine after the excesses of logocentrism and instrumental reason.

The strength of the principle of synchronicity which inspires the Oriental philosophers derives from the fact that, instead of following the Western principle of causality, it is grounded in the perception of the relative simultaneity of phenomena. The reconciliation of the linear nature of our career as individuals with the cyclical and circular notion of time, the eternal return of the seasons and of the different forms of life is also to be found in **Renaissance** (1993). Produced on the occasion of the artist's birthday, this consisted of a transparent plastic jacket with little wings which the guests at her birthday party put on before ascending, one by one, the steps of a spiral podium from which it seemed that they were to throw themselves into space, thus symbolically initiating a new cycle and reliving the processes of birth and death.

> "Nothing can be sacrificed for ever. Everything comes back in due course in a changed form. And where a great sacrifice once took place there must be, when the sacrificed one returns, a body still healthy and strong, capable of withstanding the upheavals of a great transformation."
>
> C. G. Jung,
> *The Secret of the Golden Flower*

The fact that Akané has entitled some of her works **Archetype** reflects the way that she seeks to engage with those phenomena that transcend the differences between cultures and generations, and which allow her to move on from individual symbols to those of other cultures or times in order to arrive at the collective unconscious. From the images of the first astronaut walking on the moon — broadcast on television and an essential part of the imaginary of a whole generation — to the creation of configurations that can be interpreted as a sports field, as the plan of a city, as a constellation, a mandala or a map of the unconscious on which are marked out the future states of our life, the pursuit of other sensations and of new possibilities of perceiving the real feeds her itineraries, exploring changes of proportion and points of view in order to liberate us from the weight of the world, to make us more swiftly winged in our understanding of the mysteries of the universe.

The sure intuition that it is possible to trace invisible connections between different spheres of reality is revealed in intensely poetic form in the project **Constellations**, commenced in 1991 and now presented via Internet in the Sala Montcada. Akané invites users of the net to send her night-time images of the streets of their own city, which she duly returns after linking together with a white line the lights she finds there, creating imaginary constellations. In this way, she expresses the desire to step out of the linear structure of time and space, and to create multiple and fleeting points of relationship. The sky and the city are regarded as screens, as places on which to project our games, our fantasies and our need to find signals with which to give meaning to our future — "the writing of the stars that gives its aerial forecast of human events" (Michel Leiris), understanding that the predictions of astrology are based not on the actions of the heavenly bodies but on our hypotheses about the meaning of the moment in which we formulate them. It is what the i' ching attempts to do: "to make legible the *qualitas occulta* of the moment of time" so as to favour the emergence of other forms of consciousness that expand the metaphysical dimension of the real and bring us closer to the strangeness implicit in the fact that the light we see when we look at a star is perhaps only a flash in the memory of time, while the star itself may have long since ceased to exist. Astronomers may believe that they work with the objective, but they are merely interpreting the memory of the universe.

> *"Si la nature est comme l'art, c'est parce qu'elle conjugue de toutes les façons ces deux éléments vivants: la Maison et l'Univers, le Heimlich et le Unheimlich, le territoire et la déterritorialisation, les composés mélodiques finis et le grand plan de composition infini, la petite et la grande ritournelle."*
>
> Deleuze and Guattari,
> *Qu'est-ce que la philosophie?*

In **Waiting for the storm** (1997), the installation created especially for the Sala Montcada, Akané is once again utilizing the house as archetype and exploring the desire to discover the flows of energy, the forces that fill the world, the journey from the internal sensation to the external sensation, from the house to the universe, in order to connect the body with the place, one gesture with another, a call with a desire, in this way experiencing the body as a house, the house as another and larger body, the city as a place that also protects us, that becomes our home, as the Earth is in relation to other planets. The idea of going out into a world we do not know, frightening and ungraspable, is present from the moment we leave the mother's belly and extends to that other transposition of the astronaut floating in space, lost in the cosmos and only linked to the capsule, the mobile house, the protection from the black void of the cosmos, by a little umbilical cord.

> "Alone in a corner of the universe, which is expanding at extreme velocity, in an infinitesimal moment of its history, we are born and die. Hiding under a table, watching the way the landscape changes continuously.
> The wind blows hard, the clouds slowly cover the starry sky.
> A storm is coming."
>
> Akané

The desire to use the house as protection against what is unknown and dangerous, against the storms that shatter the order of the world, runs parallel to the desire to dominate nature, the pride in believing that we can control everything. There are times when we want to "confound our fear", to reassure ourselves with analysis, predictions, schemes and divinations with which to conjure up the unforeseeable. It is then when, freed from the disorder of the storm, we feel the paradox of how meagre and how necessary are our efforts to understand the laws that govern the world, to know the significance of what is happening around us. We look for chance with meaning and the meaning of chance , in order to open up the moment and feel that we can pass through it, the way an airplane passes through the clouds on its course towards its destination, and we conceive of art and science as two ways of moving closer to the truth, the one by means of objective experimentation and the other by exploring the oscillations in which metaphors allow us to rock ourselves to and fro to create a sensation, to "bring out a vision that illuminates an instant", to come closer, through the language of art, to a profound knowledge of the real.

The roof of Akané's house is open, and by means of the disturbing image of the acceleration of the windmills seen from the window, she alludes to the connection between interior and exterior, while at the same time suggesting the power of that terrible and fascinating moment when it seems that the order and rhythm of the world are about to be dramatically and irreversibly subverted and we feel at once fear and unease combined with the excitement of the catastrophe, "waiting for the disaster with joy, too", knowing that the eye of the hurricane exists, that inside the typhoon a bluer sky can be seen and that, after the storm, the everyday will return, enriched by the sediment of an experience which, in memory, will seem like a dream. There thus suggests itself a change in our attitude to life, and the panic of waiting is transformed into abandon, into a liberation from the flux of occurrence and becoming, into a sense of subtle reconciliation with the forces of the cosmos that leads us to believe that it is not we who are dreaming, but that someone is dreaming us. We thus situate ourselves far from the "imperative certainty of the psychotic", and live in the healthy and happy incertitude that internally confirms to us that "the worst is not always certain" (Lacan) and opens up before us the hope implicit in one of Ramón Gómez de la Serna's aphorisms which says, neither for good nor for ill but quite the contrary, "behind every wind comes a world that is not that of before".

"In the silence just before the dawn
The shadows lose their form
We rise to greet the morning
In the calm that comes before storm
A troubled and a restless heart is born
The river of endless love"

The Moody Blues,
"The River of Endless Love"

The fleeting and the eternal

Javier E. Armentia
Astrophysicist
Director, Pamplona Planetarium

We look at the sky, amazed or frightened. But it is the sky, the universe as source of objective knowledge that astronomers look at. Our planetary system, the stars and the planets in orbit around them: double, triple, multiple systems of stars that perform a dance governed by gravity — the self-same force that shapes a cosmos in increasing hierarchies of size and mass. Galaxies as swirls of stars, collisions that last for hundreds of millions of years, infernal scenarios in which a black hole continually swallows up whole stars. By means of instruments such as telescopes and radio antennas, satellites and space probes, we are beginning to form an idea of our place in a changing universe.

Matter and energy are bound together by four fundamental forces, in a space-time that may have as many as ten dimensions. These are concepts which, however alien or strange they may seem, model a reality that we can observe but are incapable of modifying. Present-day physics, which is developing a new way of looking at reality, a new logic and even a new metaphysics, reveals to us a changing cosmos, continually restructuring itself. We are speaking of the expansion of the universe, of a possible origin lost in the beginnings of time and space, some fifteen thousand million years ago; of the matter that is made and unmade in the furnaces of the stars, order and total chaos in the explosions that mark the end of their lives. We are mere spectators at all of this, mute, fleeting, contingent, assisted by reason in our attempts to find out what all of this around us is, which we perceive as a celestial vault, on which we continue to paint constellations.

In this regard, the work of Akané Asaoka extends the firmament in our own environment. The constellations are now part of our urban life. Two dimensions reproduced on the focal plane of a camera which, in the fleeting fashion of this end of the millennium, navigate the Internet. In the same way, the change, the evolution that is intuited, that "all is flux" of Heraclitus, becomes an eternal instant as we wait for the storm, as nature summons up the energies of chaos.

These are keys that are translated (or transduced) by the eye and the will of the artist. Just like the scientist, who scrutinizes nature in an effort to discover the hidden meaning, the law that governs a given phenomenon, Akané Asaoka acts as an alchemist, with a crucible in which are brought together the primary elements that synthesize a changing reality.

We astronomers and astrophysicists look at the sky, we seek to discover what processes take place in the Cosmos, what are the phenomena and interactions that have come to produce the variety we observe around us. The artist, in the same way, offers us a theorem in visual form: an equation in which the eternal and the fleeting are counterposed operands, the interaction and synthesis of these constituting the evolution through time of the system. As we wait for that solution, we look at the constellations, which seem to bring some answer. Or, transfixed by nature, like our ancestors, we wait for the storm.

**Fragment of the transcript of tape 68/93A-III, between Soyuz 2 and tracking ship Akademik Sergei Korolev from the equator in the Indian Ocean.
25/10/68, 17.23 p.m. GMT.**

On the 25th of October, 1968, at 9.00 a.m. GMT (12.00 a.m. Moscow time), Soyuz 2, piloted by the cosmonaut Colonel Ivan Istochnikov, was launched from the Baykonur cosmodrome. The code-name of the flight: Radon. The following day Soyuz 3 was launched at 9.34 a.m. GMT, with pilot-cosmonaut Lieutenant-Colonel Giorgi Beregovoi on board, with the mission of linking up the two craft in space. The code-name of the second flight: Argon.
The archive of over seven hours of recordings of conversations between Radon and the various control centres and tracking ships was declassified by the Glavcosmos Agency in 1992. In the main these are exchanges of a technical nature and in some cases formally institutional. We have selected the following exceptional excerpt for its more relaxed and human content.

ASK: Attention Radon. Colonel Istochnikov, are you receiving us? Colonel Istochnikov, this is tracking ship Akademik Sergei Korolev; are you receiving us?

Soyuz 2: I am receiving you loud and clear. I was looking forward to hearing a voice again...

ASK: This is Captain Kleimenov of the I.K.T.,[1] taking over from Commander Petrushevsky, with whom you have communicated in previous contacts. How is everything?

Soyuz 2: Very well, Captain, except that the periods of silence seem very long. The silence here is heavy and profound. Well, in fact every perception is more intense than in trai-ning. I suppose it's the syndrome of the cosmonaut finally embarked on a real mission...

ASK: Well, you are living through a unique experience. You are now just at our zenith, almost at the perigee of the orbit, at an altitude of 189 km. How do you see us from your capsule?

Soyuz 2: I can identify areas of cloud and the shadow they cast, the perimeter of Africa and the whole of south-east Asia. I can clearly see the continents, the islands, the mountain ranges, the major rivers. The ocean... the surface of the water is dark but with points of light. It's a magnificent sight.

ASK: All you need to do is make a mental projection of the meridians and the parallels and you will have a perfect map of the world.

Soyuz 2: It's true, I've been doing that unconsciously (laughs). Now I'm looking towards the horizon and I can see an incredible diffraction effect. The Earth is surrounded by a halo of bluish light, which gradually gets darker, turning turquoise, then a deep violet and finally pitch black. The darkness of the firmament is impressive, too. The sky is a deep black, but shining at the same time, because of the luminosity of the sun.

ASK: I suppose we'll see that in the photographs...

Soyuz 2: I see a twilight every hour and a half, but this is by far the most striking. I'm sorry, but you're going to miss this because the camera is floating round about me and I'm too engrossed in the spectacle. I find this revelation of beauty deeply moving: the beauty of the black sky, the beauty of our planet, the beauty of the sun's light.

ASK: There's nothing for you to do now until tomorrow. The SAU [2] is still operative, there's no need to carry out any corrective manoeuvre, so go ahead and enjoy the panorama.

Soyuz 2: The fact is that the panorama, as you call it, is so marvellous that I feel exultant. The firmament is a wonder, but so is the human genius that has got me here.

---

(1) Institut Komicheskii Isledovani
(2) Sistema Avtomaticheskogo Upravleniya

Akané

1966, Tòquio, Japó.

Formació

1985-87 The Nihon University of Arts, Tòquio, Japó.

1987-91 Goldsmith's College, Universitat de Londres,
        Londres, Anglaterra.

1991-93 École des Beaux-Arts, Grenoble, França.

Diplomes

BACHELOR OF ARTS,
Council for National Academic Awards, Anglaterra.

DIPLÔME NATIONAL D'ARTS PLASTIQUES,
Ministère de l'Éducation Nationale et de la Culture, França.

DIPLÔME NATIONAL SUPÉRIEUR D'EXPRESSION PLASTIQUE,
Ministère de l'Éducation Nationale et de la Culture, França.

Exposicions individuals

1992 IL CENACOLO, Sala d'Art Can Masallera, Barcelona.
CONSTELLATIONS, L'Artesà de Gràcia, Barcelona.

1993 RENACIMIENTO, Medamoti, Barcelona.

1994 ARCHETYPE, Temple Romà, Vic, Barcelona.
ARCHETYPES, Sala Mas, Santa Coloma de Gramenet, Barcelona.

1997 ESPERANDO LA TORMENTA, Sala Montcada,
Fundació "la Caixa", Barcelona.

Exposicions col·lectives

1991 FEELS REAL, Goldsmith's College, Londres, Anglaterra.
HAKUSYU ART FESTIVAL, Yamanashi, Japó.

1992 LA MAISON, Duai, França.
16SETIS, intervencions al barri de Gràcia, Barcelona.

1993 EXPOSITION DIPLÔMES SESSION 1993, Ecole des Beaux-Arts,
Grenoble, França.

1994 SOUS RÉSERVE DE MODIFICATION, Montpellier, França.
ART-SOLIDARI, Centre Cultural, Barcelona.

1995 CAMPD'AR, Taller d'Art Contemporani, Barcelona.
BASE 12x800, Galeria Antonio de Barnola, Barcelona.
DE VIVA VEU, Revista Parlada, Casa de Cultura, Girona.
AGLOMERAT, Galeria Artual, Barcelona.
SOTA LA CARPA, La Capella, Barcelona.
WOMEN/BEYOND BORDERS, Santa Barbara Contemporary
Arts Forum, Califòrnia, USA.
BEYOND BORDERS, THE PLUS EXHIBITION, Context Gallery,
Derry, Irlanda del Nord.
EXCHANGE RESOURCES, Catalyst Arts, Belfast,
Irlanda del Nord.
SE ALQUILA, plaça del Duc de Medinaceli, Barcelona.

1996 THE CHILDREN'S CORNER, Tecla Sala, L'Hospitalet, Barcelona.
VOUS AVEZ FAIT LE PORTRAIT DE MON ÂME, 8a
Primavera Fotogràfica, Barcelona.
CECI EST LA COULEUR DE MES RÊVES, Mataró, Barcelona.
PLAGE ARRIÈRE, project of R5, Zuric, Suïssa.
LA FESTA, Galeria Metropolitana de Barcelona, Barcelona.
ON THE TABLE, Contemporary Art Niki, Tokio, Japó.
NEW ART (Galeria Metropolitana de Barcelona, Galeria Van
der Voort), Hotel Majestic, Barcelona.